A Night in Rome: Short Stories in Italian for Beginners

Artici Bilingual Books

Published by Artici Bilingual Books, 2024.

While every precaution has been taken in the preparation of this book, the publisher assumes no responsibility for errors or omissions, or for damages resulting from the use of the information contained herein.

A NIGHT IN ROME: SHORT STORIES IN ITALIAN FOR BEGINNERS

First edition. April 7, 2024.

ISBN: 979-8224087266

Written by Artici Bilingual Books.

Table of Contents

L'Inverno Gelido

L'inverno era arrivato con tutta la sua forza, portando con sé il freddo pungente e il silenzio della neve. Nella piccola casa di legno ai margini della foresta viveva Matteo, un cacciatore solitario con gli occhi stanchi e il cuore pieno di ricordi.

Ogni mattina, Matteo si svegliava presto per affrontare il gelo dell'alba e prepararsi per la caccia. Si avvolgeva nel suo pesante cappotto di pelliccia e si avventurava nel bosco innevato, con il suo fucile in mano e la speranza nel cuore.

Ma quella mattina era diversa. Il freddo penetrava nelle ossa di Matteo e il suo respiro si trasformava in nuvole di vapore nell'aria gelida. La neve scricchiolava sotto i suoi piedi mentre si dirigeva verso il suo posto di caccia abituale.

Il tempo sembrava sospeso nel gelo dell'inverno, e Matteo si sentiva come se il mondo intero fosse avvolto da un velo di tristezza e malinconia.

Camminò per ore nel bosco silenzioso, scrutando tra gli alberi e gli arbusti nella speranza di avvistare una preda. Ma la natura sembrava addormentata sotto il peso della neve, e non c'era traccia di vita intorno a lui.

Sentì il freddo penetrare nelle sue ossa e il suo stomaco stringersi dalla fame. Si fermò per un momento e tirò fuori dalla sua bisaccia un pezzo di pane secco, divorandolo avidamente mentre cercava di scaldarsi con il suo calore.

Dopo aver mangiato, riprese la sua ricerca con rinnovato vigore, sperando di trovare qualcosa che potesse portare a casa per la cena.

Ma la fortuna sembrava essere contro di lui quella giornata. Non importava quanto camminasse o quanto cercasse, non riusciva a trovare nessuna traccia di animali nel bosco.

La luce del giorno iniziava a sbiadire, e il freddo dell'inverno si faceva sempre più intenso. Matteo si sentiva esausto e disperato mentre si trascinava attraverso la neve, sperando in un miracolo che non sembrava arrivare.

E fu allora, nel momento più buio della sua disperazione, che Matteo sentì qualcosa di strano nel suo cuore. Una sensazione di calore e compassione, come se qualcuno stesse vegliando su di lui dall'alto.

Alzò lo sguardo verso il cielo grigio e vide un'aquila solitaria che volteggiava nell'aria, con le sue ali maestose che tagliavano il vento gelido. Sembrava guardarlo con occhi penetranti, come se volesse comunicargli qualcosa di importante.

Matteo si fermò e osservò l'aquila con stupore, sentendo una strana connessione con l'animale selvatico che solcava il cielo d'inverno.

E improvvisamente, come se fosse guidato da una forza invisibile, Matteo prese una decisione. Abbandonò la sua ricerca di prede e si diresse verso casa, seguendo l'istinto che lo spingeva a tornare al suo rifugio nel bosco.

Quando finalmente raggiunse la sua piccola casa di legno, Matteo si sentiva esausto ma sereno. Accese il fuoco nel camino e si avvolse nella sua coperta di lana, lasciando che il calore del fuoco scaldasse il suo corpo stanco.

Mentre si rannicchiava accanto al fuoco, Matteo sentì un senso di gratitudine per l'aquila che lo aveva guidato a casa. Si sentiva grato per il calore del fuoco e per il tepore del suo rifugio, anche in mezzo al gelo dell'inverno.

E così, mentre la neve cadeva silenziosa fuori dalla finestra e il freddo della notte avvolgeva il mondo esterno, Matteo si addormentò con un sorriso sulle labbra, sapendo che anche nei momenti più bui c'era sempre una luce che lo guidava verso casa.

The Icy Winter

Winter had arrived with all its strength, bringing with it the biting cold and the silence of the snow. In the small wooden house on the edge of the forest lived Matteo, a solitary hunter with tired eyes and a heart full of memories.

Every morning, Matteo woke up early to face the frost of dawn and prepare for the hunt. He wrapped himself in his heavy fur coat and ventured into the snowy forest, with his rifle in hand and hope in his heart.

But that morning was different. The cold penetrated Matteo's bones, and his breath turned into clouds of vapor in the icy air. The snow crackled under his feet as he made his way to his usual hunting spot.

Time seemed suspended in the winter chill, and Matteo felt as if the whole world was wrapped in a veil of sadness and melancholy.

He walked for hours in the silent forest, scanning between the trees and bushes in hopes of spotting prey. But nature seemed asleep under the weight of the snow, and there was no sign of life around him.

He felt the cold penetrate his bones and his stomach tighten with hunger. He stopped for a moment and pulled out a piece of dry bread from his pouch, devouring it eagerly as he tried to warm himself with its warmth.

After eating, he resumed his search with renewed vigor, hoping to find something to bring home for dinner.

But luck seemed to be against him that day. No matter how much he walked or searched, he couldn't find any trace of animals in the forest.

The daylight began to fade, and the cold of winter grew ever more intense. Matteo felt exhausted and desperate as he dragged himself through the snow, hoping for a miracle that seemed not to come.

And it was then, in the darkest moment of his despair, that Matteo felt something strange in his heart. A sensation of warmth and compassion, as if someone were watching over him from above.

He looked up at the gray sky and saw a lone eagle soaring in the air, its majestic wings cutting through the cold wind. It seemed to be looking at him with piercing eyes, as if it wanted to communicate something important to him.

Matteo stopped and watched the eagle in amazement, feeling a strange connection to the wild animal that soared through the winter sky.

And suddenly, as if guided by an invisible force, Matteo made a decision. He abandoned his search for prey and headed home, following the instinct that urged him to return to his shelter in the woods.

When he finally reached his small wooden house, Matteo felt exhausted but peaceful. He lit the fire in the fireplace and wrapped himself in his woolen blanket, letting the warmth of the fire warm his tired body.

As he curled up by the fire, Matteo felt a sense of gratitude for the eagle that had guided him home. He felt grateful for the warmth of the fire and the comfort of his shelter, even amidst the winter chill.

And so, as the snow fell silently outside the window and the cold of the night enveloped the outside world, Matteo fell asleep with a smile on his lips, knowing that even in the darkest moments, there was always a light that guided him home.

Una Notte a Roma

Roma, la città eterna, con le sue strade trafficate e i suoi monumenti maestosi, era il luogo in cui mi sentivo vivo. Ero seduto al tavolino di un piccolo caffè, con una tazza di caffè forte davanti a me, osservando le persone che passavano.

Le luci delle strade risplendevano sotto il cielo notturno, e il suono delle voci e del traffico riempiva l'aria. Era una serata calda, e il profumo di cibo e vino s'intrecciava con l'aria fresca.

Mi piaceva sedermi lì, osservando il mondo intorno a me, lasciandomi trasportare dalla magia di questa città antica. Aveva un'energia unica, un'essenza che non si poteva trovare altrove.

Mentre sorseggiavo il mio caffè, vidi una donna avvicinarsi al caffè. Era bellissima, con lunghi capelli scuri e occhi che brillavano di vivacità. Indossava un abito rosso che le donava una grazia elegante.

Ci scambiammo uno sguardo furtivo mentre passava, e per un istante, il mondo sembrò fermarsi. Poi continuò il suo corso, ma quel momento rimase con me, come un ricordo prezioso.

Decisi di seguirla, lasciandomi guidare dalla curiosità e dall'istinto. Camminai lungo le strade strette e tortuose di Roma, seguendo la sua figura che si muoveva con grazia attraverso la folla.

Finalmente, la vidi entrare in un piccolo ristorante nascosto in una stradina laterale. Decisi di seguirla dentro, desideroso di sapere di più su di lei.

Il ristorante era accogliente e intimo, con luci soffuse e tavoli decorati con candele. Mi sedetti al bancone e osservai la donna mentre parlava con il cameriere.

Poi, con sorpresa, mi vide e sorrise. "Vieni a sederti," disse, facendo un gesto verso il posto accanto a lei.

Non riuscii a resistere al suo invito e mi sedetti. Iniziammo a parlare, condividendo storie e risate mentre cenavamo insieme. Era come se ci conoscessimo da una vita, anche se ci eravamo appena incontrati.

Mentre la serata trascorreva, ci avvicinammo sempre di più, condividendo pensieri e desideri nel calore dell'atmosfera romantica del ristorante.

Poi, improvvisamente, sentimmo il suono di una chitarra provenire dalla strada. Ci guardammo negli occhi e sorridemmo, sapendo entrambi cosa voleva dire.

Ci alzammo e uscimmo dal ristorante, lasciandoci guidare dalla musica che riempiva l'aria. Ci trovammo in una piazza illuminata dalla luna, circondata da antichi edifici e monumenti.

Senza dire una parola, ci presi per mano e iniziammo a ballare sotto le stelle, lasciando che la musica ci portasse via in un vortice di emozioni e sensazioni.

Era come se il mondo intorno a noi si fosse fermato, lasciandoci soli in quel momento magico. Non c'era nient'altro che noi due, uniti nel ballo e nell'amore per questa città meravigliosa.

Quando la musica finì, ci fermammo e ci guardammo negli occhi, sorridendo. Era stato un momento perfetto, un ricordo che avremmo portato con noi per sempre.

Ci scambiammo un bacio dolce, prima di separarci e tornare alle nostre vite. Ma sapevamo entrambi che quella notte a Roma sarebbe rimasta con noi per sempre.

A Night in Rome

Rome, the eternal city, with its busy streets and majestic monuments, was where I felt alive. I sat at a small café table, with a cup of strong coffee in front of me, watching the people passing by.

The lights of the streets shimmered under the night sky, and the sound of voices and traffic filled the air. It was a warm evening, and the scent of food and wine intertwined with the fresh air.

I enjoyed sitting there, observing the world around me, letting myself be carried away by the magic of this ancient city. It had a unique energy, an essence that couldn't be found elsewhere.

As I sipped my coffee, I saw a woman approaching the café. She was beautiful, with long dark hair and eyes that sparkled with vivacity. She wore a red dress that gave her an elegant grace.

We exchanged a fleeting glance as she passed by, and for a moment, the world seemed to stand still. Then it continued its course, but that moment stayed with me, like a precious memory.

I decided to follow her, letting myself be guided by curiosity and instinct. I walked along the narrow and winding streets of Rome, following her graceful figure through the crowd.

Finally, I saw her enter a small restaurant hidden in a side alley. I decided to follow her inside, eager to learn more about her.

The restaurant was cozy and intimate, with soft lights and tables adorned with candles. I sat at the bar and watched the woman as she spoke to the waiter.

Then, to my surprise, she saw me and smiled. "Come sit," she said, gesturing to the seat next to her.

I couldn't resist her invitation and sat down. We started talking, sharing stories and laughter as we dined together. It was as if we had known each other for a lifetime, even though we had just met.

As the evening went on, we grew closer, sharing thoughts and desires in the warmth of the restaurant's romantic atmosphere.

Then, suddenly, we heard the sound of a guitar coming from the street. We looked into each other's eyes and smiled, knowing exactly what it meant.

We got up and left the restaurant, letting ourselves be guided by the music filling the air. We found ourselves in a square illuminated by the moon, surrounded by ancient buildings and monuments.

Without saying a word, we took each other's hand and began to dance under the stars, letting the music carry us away in a whirlwind of emotions and sensations.

It was as if the world around us had stopped, leaving us alone in that magical moment. There was nothing else but the two of us, united in dance and love for this wonderful city.

When the music ended, we stopped and looked into each other's eyes, smiling. It had been a perfect moment, a memory we would carry with us forever.

We exchanged a sweet kiss before parting and returning to our lives. But we both knew that that night in Rome would stay with us forever.

Il Saggio e il Viandante

C'era una volta, in un piccolo villaggio tra le colline, un saggio anziano che trascorreva le sue giornate seduto sotto un albero secolare, contemplando il mondo che lo circondava.

Il saggio, con la sua lunga barba bianca e gli occhi saggi, era conosciuto in tutto il villaggio per la sua saggezza e la sua compassione. Le persone venivano da lontano per chiedere il suo consiglio e ascoltare le sue parole di saggezza.

Un giorno, un giovane viandante arrivò al villaggio. Era stanco e affaticato dal lungo viaggio, ma desiderava ardentemente trovare risposte alle domande che tormentavano la sua anima.

Il giovane viandante si avvicinò al saggio anziano sotto l'albero secolare e si sedette accanto a lui. "Saggio," disse con voce tremante, "ho viaggiato per terre lontane alla ricerca della verità. Ma ovunque vada, sembra che la verità sfugga alla mia comprensione. Puoi aiutarmi a trovare la risposta che cerco?"

Il saggio sorrise al giovane viandante e annuì con gentilezza. "La verità è come il vento," disse. "Non possiamo afferrarla con le mani, ma possiamo sentirla nel cuore."

Il giovane viandante ascoltò attentamente le parole del saggio, sentendo una calma rassicurante avvolgerlo. "Ma come posso sentire la verità nel cuore?" chiese con curiosità.

Il saggio posò una mano sul petto del giovane viandante e chiuse gli occhi. "Chiudi gli occhi e ascolta il battito del tuo cuore," disse. "Lì troverai la risposta che cerchi."

Il giovane viandante seguì il consiglio del saggio e chiuse gli occhi, concentrandosi sul battito del suo cuore. In quel silenzio interiore, sentì una profonda sensazione di pace e comprensione.

Quando aprì gli occhi, vide il mondo con occhi nuovi, illuminati dalla luce della verità interiore. Ogni cosa intorno a lui sembrava più chiara e più luminosa, come se avesse finalmente trovato la risposta alle sue domande più profonde.

Il giovane viandante ringraziò il saggio con il cuore pieno di gratitudine. Si alzò e si preparò a riprendere il suo viaggio, sentendo il peso delle sue preoccupazioni sollevato dalle parole del saggio.

Il saggio anziano lo osservò andarsene con un sorriso sereno. Aveva fatto la sua parte nel cammino del giovane viandante, offrendogli la guida di cui aveva bisogno per trovare la sua strada nel mondo.

E così, mentre il giovane viandante si allontanava sotto il sole caldo del pomeriggio, il saggio anziano tornò alla sua meditazione sotto l'albero secolare, consapevole del prezioso dono che aveva offerto a un'anima in cerca di verità e pace interiore.

The Sage and the Wanderer

Once upon a time, in a small village among the hills, there was an elderly sage who spent his days sitting under a centuries-old tree, contemplating the world around him.

The sage, with his long white beard and wise eyes, was known throughout the village for his wisdom and compassion. People came from far and wide to seek his advice and listen to his words of wisdom.

One day, a young wanderer arrived in the village. He was tired and weary from his long journey, but he ardently desired to find answers to the questions that tormented his soul.

The young wanderer approached the elderly sage under the ancient tree and sat down beside him. "Sage," he said with a trembling voice, "I have traveled to distant lands in search of truth. But wherever I go, it seems that truth eludes my understanding. Can you help me find the answer I seek?"

The sage smiled at the young wanderer and nodded kindly. "Truth is like the wind," he said. "We cannot grasp it with our hands, but we can feel it in our hearts."

The young wanderer listened attentively to the sage's words, feeling a reassuring calm enveloping him. "But how can I feel the truth in my heart?" he asked with curiosity.

The sage placed a hand on the young wanderer's chest and closed his eyes. "Close your eyes and listen to the beat of your heart," he said. "There you will find the answer you seek."

The young wanderer followed the sage's advice and closed his eyes, focusing on the beat of his heart. In that inner silence, he felt a profound sense of peace and understanding.

When he opened his eyes, he saw the world with new eyes, illuminated by the light of inner truth. Everything around him seemed clearer and brighter, as if he had finally found the answer to his deepest questions.

The young wanderer thanked the sage with a heart full of gratitude. He rose and prepared to continue his journey, feeling the weight of his worries lifted by the sage's words.

The elderly sage watched him depart with a serene smile. He had done his part in the young wanderer's journey, offering him the guidance he needed to find his way in the world.

And so, as the young wanderer walked away under the warm afternoon sun, the elderly sage returned to his meditation under the ancient tree, aware of the precious gift he had offered to a soul in search of truth and inner peace.

Il Faro Solitario

C'era una volta, su una remota isola nel bel mezzo dell'oceano, un vecchio faro che risplendeva nella notte buia come una stella solitaria. La sua luce guidava i marinai smarriti verso la sicurezza delle coste, mentre le onde infrangevano contro gli scogli con un suono cupo e rassicurante.

Il guardiano del faro, un uomo solitario di nome Carlo, trascorreva le sue giornate e le sue notti lì, circondato solo dal suono del vento e dal canto delle onde. Era un uomo taciturno, con gli occhi che riflettevano il blu profondo del mare e il cuore che batteva al ritmo del faro.

Una sera d'estate, mentre il cielo si tingeva di rosa e arancione al tramonto, Carlo vide qualcosa di straordinario emergere dalle acque agitate. Era una creatura bellissima, con una lunga coda di sirena e capelli dorati che brillavano alla luce del sole che tramontava.

Carlo non poteva credere ai suoi occhi. Aveva sentito parlare delle sirene solo nelle leggende dei marinai, ma ora una di esse si trovava di fronte a lui, reale e splendida come il mare stesso.

La sirena si avvicinò al faro con grazia e fascino, i suoi occhi azzurri che brillavano di curiosità e meraviglia. "Ciao, guardiano del faro," disse con una voce dolce e melodiosa. "Sono venuta qui per vedere la bellezza del tuo faro e incontrare colui che lo protegge con tanto amore."

Carlo rimase senza parole di fronte alla bellezza e alla gentilezza della sirena. Le raccontò della sua vita solitaria al faro e della sua missione di guidare i marinai verso la salvezza nelle notti buie e tempestose.

La sirena ascoltò con attenzione le parole di Carlo, il suo cuore colmo di compassione per la solitudine dell'uomo. "Posso restare qui con te per un po'?" chiese con timidezza. "Mi piacerebbe conoscere meglio il mondo degli umani e scoprire i segreti del tuo faro."

Carlo accettò con gioia l'offerta della sirena e la invitò a entrare nel faro. La sirena esplorò ogni angolo del faro con occhi curiosi, ammirando la vista spettacolare dall'alto del balcone e ascoltando il suono ipnotico del mare che si infrangeva sugli scogli.

Le settimane trascorsero tranquille e serene, con Carlo e la sirena che condividevano storie e segreti l'uno con l'altro sotto la luce del faro. Carlo si sentiva più vivo che mai in compagnia della sirena, mentre lei portava gioia e meraviglia nella sua vita solitaria.

Ma un giorno, una tempesta terribile si scatenò sull'isola.

"Devo andare," disse la sirena con tristezza. "Il mio posto è nel mare, dove devo proteggere il mio popolo e continuare il mio viaggio attraverso le profondità dell'oceano."

Carlo annuì con comprensione, sapendo che il destino della sirena era nel mare che amava così tanto. Si abbracciarono con affetto, promettendosi l'un l'altro che il ricordo del loro tempo insieme sarebbe rimasto per sempre nei loro cuori.

E così, mentre la sirena scompariva tra le onde del mare, Carlo tornò al suo posto di guardiano del faro.

The Solitary Lighthouse

Once upon a time, on a remote island in the middle of the ocean, there was an old lighthouse that shone in the dark night like a lonely star. Its light guided lost sailors to the safety of the shores, while the waves crashed against the rocks with a dark and reassuring sound.

The lighthouse keeper, a solitary man named Carlo, spent his days and nights there, surrounded only by the sound of the wind and the song of the waves. He was a taciturn man, with eyes that reflected the deep blue of the sea and a heart that beat to the rhythm of the lighthouse.

One summer evening, as the sky turned pink and orange at sunset, Carlo saw something extraordinary emerge from the choppy waters. It was a beautiful creature, with a long mermaid tail and golden hair that shone in the light of the setting sun.

Carlo could not believe his eyes. He had heard of mermaids only in the legends of sailors, but now one of them stood before him, real and beautiful as the sea itself.

The mermaid approached the lighthouse with grace and charm, her blue eyes sparkling with curiosity and wonder. "Hello, lighthouse keeper," she said with a sweet and melodious voice. "I have come here to see the beauty of your lighthouse and to meet the one who protects it with so much love."

Carlo was speechless in front of the beauty and kindness of the mermaid. He told her about his lonely life at the lighthouse and his mission to guide sailors to safety on dark and stormy nights.

The mermaid listened attentively to Carlo's words, her heart full of compassion for the man's solitude. "May I stay here with you for a while?" she asked shyly. "I would like to get to know the world of humans better and discover the secrets of your lighthouse."

Carlo joyfully accepted the mermaid's offer and invited her inside the lighthouse. The mermaid explored every corner of the lighthouse with curious eyes, admiring the spectacular view from the balcony and listening to the hypnotic sound of the sea crashing against the rocks.

Weeks passed quietly and peacefully, with Carlo and the mermaid sharing stories and secrets with each other under the light of the lighthouse. Carlo felt more alive than ever in the company of the mermaid, while she brought joy and wonder into his lonely life.

But one day, a terrible storm broke out on the island.

"I must go," said the mermaid sadly. "My place is in the sea, where I must protect my people and continue my journey through the depths of the ocean."

Carlo nodded understandingly, knowing that the mermaid's destiny lay in the sea she loved so much. They embraced affectionately, promising each other that the memory of their time together would remain forever in their hearts.

And so, as the mermaid disappeared into the waves of the sea, Carlo returned to his post as lighthouse keeper.

La Magia della Tazza di Tè

C'era una volta, in un piccolo villaggio italiano, una donna di nome Giulia. Giulia gestiva una modesta ma accogliente sala da tè al centro del villaggio, dove le persone si riunivano per gustare tazze fumanti di tè e scambiare chiacchiere amichevoli.

La sala da tè di Giulia era un luogo magico, con pareti color pastello e tavoli adornati da tovaglioli ricamati a mano. Il profumo del tè appena preparato riempiva l'aria, invitando i clienti a sedersi e godersi un momento di relax.

Un giorno, mentre Giulia stava preparando il tè dietro il bancone della sua sala da tè, entrò un uomo misterioso. Era vestito con abiti eleganti e aveva un sorriso gentile stampato sul volto.

"Buongiorno," disse l'uomo con voce calda. "Ho sentito parlare della tua famosa sala da tè e non potevo resistere alla tentazione di venire a provarla di persona."

Giulia sorrise al signore misterioso e lo invitò a sedersi a uno dei tavoli. "Sarà un piacere servirti," disse con cortesia. "Hai una preferenza per il tipo di tè?"

L'uomo scelse una varietà di tè nero e si accomodò al tavolo, osservando con interesse l'atmosfera tranquilla della sala da tè. "Questo è davvero un luogo incantevole," disse con ammirazione. "Mi fa sentire come se fossi tornato indietro nel tempo."

Giulia sorrise con orgoglio e portò al signore una tazza fumante di tè, insieme a una selezione di dolcetti fatti in casa. L'uomo assaggiò il tè con gusto, lasciandosi trasportare dal suo aroma e dal suo sapore delicato.

Mentre beveva il tè, l'uomo cominciò a raccontare a Giulia delle sue avventure in giro per il mondo. Parlò di luoghi lontani e culture diverse, di incontri straordinari e momenti indimenticabili.

Giulia ascoltò le storie dell'uomo con interesse, immaginando di essere lì con lui, a esplorare il mondo attraverso i suoi occhi. Le sue parole la trasportarono in luoghi lontani e la fecero sognare ad occhi aperti.

Quando l'uomo ebbe finito di raccontare le sue storie, si alzò dal tavolo con un sorriso soddisfatto sul volto. "Grazie per il delizioso tè e per la piacevole compagnia," disse con gratitudine. "Tornerò sicuramente a trovarti presto."

Giulia sorrise e lo salutò con affetto mentre usciva dalla sala da tè. Guardò la tazza vuota di tè sul tavolo e sospirò, immersa nei suoi pensieri.

Poi, improvvisamente, accadde qualcosa di magico. La tazza vuota di tè iniziò a brillare di una luce dorata, mentre l'aria intorno a Giulia sembrava vibrare di energia.

In un istante, Giulia si trovò trasportata in un mondo di sogno, circondata da paesaggi mozzafiato e creature magiche. Si ritrovò a cavalcare su unicorno attraverso foreste incantate e a ballare con le fate sotto la luna piena.

Giulia non poteva credere ai suoi occhi. Era come se il tè stesso avesse il potere di trasportarla in un mondo di fantasia e meraviglia, dove ogni sogno poteva diventare realtà.

Quando finalmente tornò alla realtà, Giulia si ritrovò di nuovo dietro il bancone della sua sala da tè, con un sorriso radioso stampato sul volto. Guardò la tazza vuota di tè sul tavolo e seppe che quella non era stata solo una tazza di tè ordinaria, ma una finestra verso un mondo di magia e meraviglia.

E così, mentre il sole calava all'orizzonte e la luce del giorno si trasformava in ombra nella tranquilla serata, Giulia accoglieva i suoi clienti con gioia nel cuore, consapevole del potere magico che risiedeva nella semplicità di una tazza di tè.

The Magic of the Tea Cup

Once upon a time, in a small Italian village, there was a woman named Giulia. Giulia ran a modest yet welcoming tea room in the center of the village, where people gathered to enjoy steaming cups of tea and exchange friendly chatter.

Giulia's tea room was a magical place, with pastel-colored walls and tables adorned with hand-embroidered napkins. The scent of freshly brewed tea filled the air, inviting customers to sit and enjoy a moment of relaxation.

One day, while Giulia was preparing tea behind the counter of her tea room, a mysterious man entered. He was dressed in elegant clothes and had a gentle smile on his face.

"Good morning," the man said warmly. "I've heard about your famous tea room and couldn't resist the temptation to come and try it for myself."

Giulia smiled at the mysterious gentleman and invited him to sit at one of the tables. "It will be a pleasure to serve you," she said politely. "Do you have a preference for the type of tea?"

The man chose a variety of black tea and settled at the table, observing with interest the peaceful atmosphere of the tea room. "This is truly a lovely place," he said with admiration. "It makes me feel like I've traveled back in time."

Giulia smiled with pride and brought the gentleman a steaming cup of tea, along with a selection of homemade treats. The man tasted the tea with relish, letting himself be carried away by its aroma and delicate flavor.

As he drank the tea, the man began to tell Giulia about his adventures around the world. He spoke of distant places and different cultures, of extraordinary encounters and unforgettable moments.

Giulia listened to the man's stories with interest, imagining herself there with him, exploring the world through his eyes. His words transported her to distant places and made her daydream.

When the man had finished telling his stories, he rose from the table with a satisfied smile on his face. "Thank you for the delicious tea and pleasant company," he said gratefully. "I will definitely come back to see you soon."

Giulia smiled and waved affectionately as he left the tea room. She looked at the empty tea cup on the table and sighed, lost in her thoughts. Then, suddenly, something magical happened. The empty tea cup began to glow with a golden light, while the air around Giulia seemed to vibrate with energy.

In an instant, Giulia found herself transported to a dream world, surrounded by breathtaking landscapes and magical creatures. She found herself riding on a unicorn through enchanted forests and dancing with fairies under the full moon.

Giulia couldn't believe her eyes. It was as if the tea itself had the power to transport her to a world of fantasy and wonder, where every dream could come true.

When she finally returned to reality, Giulia found herself back behind the counter of her tea room, with a radiant smile on her face. She looked at the empty tea cup on the table and knew that it had not been just an ordinary cup of tea, but a window to a world of magic and wonder.

And so, as the sun set on the horizon and the daylight turned into shadow in the quiet evening, Giulia welcomed her customers with joy in her heart, aware of the magical power that resided in the simplicity of a cup of tea.

Il Mistero della Vecchia Libreria

Era una calda giornata d'estate quando il commissario Mario Rossi ricevette una chiamata che avrebbe cambiato il corso della sua giornata. Era stato chiamato nella vecchia libreria del quartiere, dove si era verificato un misterioso furto.

Il commissario Rossi si diresse immediatamente verso la libreria, con la sua fedele assistente Maria al suo fianco. Arrivati sul posto, si trovarono di fronte a una scena insolita: i libri erano sparsi ovunque e le scaffalature sembravano essere state rovinate.

Il proprietario della libreria, un anziano signore di nome Giovanni, li accolse con aria preoccupata. "Commissario, sono così dispiaciuto che ciò sia accaduto nella mia amata libreria," disse con voce tremante. "Non capisco chi possa aver compiuto un gesto così vile."

Il commissario Rossi osservò attentamente la scena del crimine, cercando indizi che potessero aiutarlo a risolvere il mistero. Trovò delle impronte sul pavimento e un frammento di tessuto attaccato a uno dei mobili.

Mentre indagava, il commissario Rossi scoprì che il furto non sembrava essere stato commesso per rubare soldi o oggetti di valore. Invece, sembrava che i libri fossero stati presi a caso, senza un motivo apparente.

Il commissario Rossi decise di interrogare i dipendenti della libreria e i clienti che si trovavano lì al momento del furto. Ognuno di loro raccontò la propria versione degli eventi, ma nessuno sembrava avere informazioni utili per risolvere il caso.

Mentre il commissario Rossi e Maria continuavano le loro indagini, ricevettero una chiamata da parte di un vicino della libreria. Aveva visto un uomo sospetto entrare nella libreria la notte prima del furto e pensava che potesse essere coinvolto nel caso.

Il commissario Rossi e Maria si diressero immediatamente sul posto e trovarono l'uomo sospetto seduto su una panchina nelle vicinanze. Lo avvicinarono con cautela e lo interrogarono riguardo alla sua presenza nella libreria la notte del furto.

L'uomo si chiamava Carlo e disse di essere un collezionista di libri rari. Aveva visto la luce accesa nella libreria e era entrato per cercare nuove aggiunte alla sua collezione. Tuttavia, quando aveva visto il disordine all'interno, si era allarmato e era fuggito via.

Il commissario Rossi e Maria non erano convinti della storia di Carlo e decisero di portarlo in questura per ulteriori interrogatori. Durante l'interrogatorio, Carlo si dimostrò nervoso e incerto nei dettagli della sua storia.

Dopo diverse ore di interrogatorio, Carlo confessò di essere stato coinvolto nel furto della libreria. Aveva commesso il crimine senza un motivo particolare, spinto solo dalla voglia di sperimentare l'emozione del furto.

Il commissario Rossi e Maria si congratularono per aver risolto il caso e restituirono i libri rubati al loro legittimo proprietario. La vecchia libreria tornò così al suo antico splendore, pronta ad accogliere nuovi lettori e avventure letterarie.

Mentre lasciava la libreria, il commissario Rossi si sentì soddisfatto per aver risolto il mistero e portato giustizia nella piccola comunità. Era proprio vero, pensò, che anche dietro i casi più semplici si nascondevano sempre storie avvincenti da scoprire.

The Mystery of the Old Bookstore

It was a hot summer day when Commissioner Mario Rossi received a call that would change the course of his day. He had been called to the old bookstore in the neighborhood, where a mysterious theft had occurred. Commissioner Rossi immediately headed to the bookstore, with his faithful assistant Maria by his side. Upon arriving at the scene, they were faced with an unusual sight: books were scattered everywhere and the shelves seemed to have been tampered with.

The owner of the bookstore, an elderly gentleman named Giovanni, greeted them with a worried look. "Commissioner, I am so sorry that this has happened in my beloved bookstore," he said with a trembling voice. "I do not understand who could have committed such a vile act."

Commissioner Rossi carefully observed the crime scene, looking for clues that could help him solve the mystery. He found footprints on the floor and a piece of fabric attached to one of the furniture.

As he investigated, Commissioner Rossi discovered that the theft did not seem to have been committed to steal money or valuable items. Instead, it seemed that the books had been taken randomly, without an apparent motive.

Commissioner Rossi decided to interrogate the bookstore employees and the customers who were there at the time of the theft. Each of them told their version of events, but none seemed to have useful information to solve the case.

As Commissioner Rossi and Maria continued their investigations, they received a call from a neighbor of the bookstore. He had seen a suspicious man enter the bookstore the night before the theft and thought he might be involved in the case.

Commissioner Rossi and Maria immediately went to the scene and found the suspicious man sitting on a bench nearby. They approached him cautiously and questioned him about his presence in the bookstore on the night of the theft.

The man's name was Carlo, and he claimed to be a collector of rare books. He had seen the light on in the bookstore and had entered to look for new additions to his collection. However, when he had seen the disorder inside, he had become alarmed and had fled.

Commissioner Rossi and Maria were not convinced by Carlo's story and decided to take him to the police station for further questioning. During the interrogation, Carlo appeared nervous and unsure about the details of his story.

After several hours of questioning, Carlo confessed to being involved in the theft of the bookstore. He had committed the crime without a particular motive, driven only by the desire to experience the thrill of theft.

Commissioner Rossi and Maria congratulated each other for solving the case and returned the stolen books to their rightful owner. The old bookstore returned to its former glory, ready to welcome new readers and literary adventures.

As he left the bookstore, Commissioner Rossi felt satisfied for having solved the mystery and brought justice to the small community. It was true, he thought, that even behind the simplest cases there were always compelling stories to discover.

Il Mare di Sardegna

Era una giornata calda e luminosa a fine estate quando Luca decise di fare una passeggiata lungo la costa di Sardegna. Indossava un cappello di paglia e una camicia leggera, mentre il sole splendeva alto nel cielo azzurro.

Luca amava il mare di Sardegna, con le sue acque cristalline e le spiagge dorate. Si sentiva libero e in pace mentre camminava lungo la riva, il suono delle onde che si infrangevano dolcemente sulla spiaggia.

Decise di fermarsi per un momento e sedersi su una roccia, guardando l'orizzonte infinito e respirando l'aria salmastra. Chiuse gli occhi e lasciò che il calore del sole lo avvolgesse, sentendosi in armonia con la natura circostante.

Mentre era lì seduto, sentì il rumore di passi sulla sabbia e aprì gli occhi per vedere una donna avvicinarsi lentamente. Era una donna anziana, con i capelli grigi e gli occhi che brillavano di saggezza.

"Buongiorno," disse la donna con un sorriso gentile. "Mi chiamo Maria. Posso sedermi accanto a te?"

Luca sorrise e fece cenno alla donna di sedersi accanto a lui. "Certo," disse con voce calma. "Mi chiamo Luca. Che bello incontrare qualcuno qui sulla spiaggia."

Maria si sedette accanto a Luca e insieme guardarono il mare, parlando del passato e del presente. Maria raccontò storie di vecchie tradizioni e di tempi passati, mentre Luca l'ascoltava con interesse e rispetto.

Con il passare del tempo, Luca e Maria si avvicinarono sempre di più, condividendo pensieri e emozioni come se si conoscessero da sempre. Si sentivano come due anime affini, legate dal mare e dalla magia dell'isola.

Una sera, mentre guardavano il tramonto dipingersi sul mare, Luca prese la mano di Maria e le confessò i suoi sentimenti. "Maria," disse con voce tenera. "Ho trascorso questi giorni meravigliosi in tua compagnia. Vorrei che tu fossi parte della mia vita per sempre."

Maria guardò Luca negli occhi, il cuore colmo di gioia e gratitudine.

E così, sotto il cielo stellato della notte, Luca e Maria si scambiarono un dolce bacio, consapevoli che il mare di Sardegna li avrebbe legati per sempre in un amore eterno.

The Sea of Sardinia

It was a warm and bright late summer day when Luca decided to take a walk along the coast of Sardinia. He wore a straw hat and a light shirt, while the sun shone high in the blue sky.

Luca loved the sea of Sardinia, with its crystal-clear waters and golden beaches. He felt free and at peace as he walked along the shore, the sound of the waves gently crashing on the beach.

He decided to stop for a moment and sit on a rock, looking out at the endless horizon and breathing in the salty air. He closed his eyes and let the warmth of the sun envelop him, feeling in harmony with the surrounding nature.

As he sat there, he heard the sound of footsteps on the sand and opened his eyes to see a woman approaching slowly. She was an elderly woman, with gray hair and eyes that sparkled with wisdom.

"Good morning," said the woman with a gentle smile. "My name is Maria. May I sit next to you?"

Luca smiled and gestured for the woman to sit next to him. "Of course," he said calmly. "My name is Luca. It's nice to meet someone here on the beach."

Maria sat down next to Luca, and together they watched the sea, talking about the past and the present. Maria told stories of old traditions and times gone by, while Luca listened with interest and respect.

As time went on, Luca and Maria grew closer, sharing thoughts and emotions as if they had known each other forever. They felt like kindred souls, bound by the sea and the magic of the island.

One evening, as they watched the sunset paint itself over the sea, Luca took Maria's hand and confessed his feelings. "Maria," he said tenderly. "I have spent these wonderful days in your company. I wish for you to be a part of my life forever."

Maria looked into Luca's eyes, her heart filled with joy and gratitude. And so, under the starry sky of the night, Luca and Maria exchanged a sweet kiss, aware that the sea of Sardinia would forever bind them in eternal love.

La Casa Nuova

C'era una volta una giovane coppia di nome Marco e Giulia che aveva deciso di comprare una casa tutta loro. Dopo anni di risparmio, finalmente avevano abbastanza soldi per acquistare una casa tutta nuova in una piccola città sul mare.

Marco e Giulia erano entusiasti all'idea di iniziare questa nuova avventura insieme. La casa che avevano scelto era piccola ma accogliente, con un giardino pieno di fiori colorati e un'ampia veranda dove poter trascorrere le serate estive.

Appena entrarono nella loro nuova casa, Marco e Giulia iniziarono a immaginare come sarebbe stata una volta arredata. Immaginavano i mobili nuovi, i quadri alle pareti e i cuscini colorati sul divano.

Dopo aver sistemato le loro cose, Marco e Giulia decisero di esplorare il quartiere circostante. Scoprirono un parco giochi per bambini nelle vicinanze e un piccolo negozio di alimentari gestito da una coppia anziana.

Marco e Giulia si presentarono ai loro nuovi vicini e furono accolti calorosamente. Scoprirono che il quartiere era pieno di persone amichevoli e che c'era sempre qualcuno disposto ad aiutare in caso di necessità.

Le settimane passarono e Marco e Giulia si abituarono sempre di più alla loro nuova vita nella casa nuova. Ogni giorno facevano piccoli cambiamenti alla casa, aggiungendo un tappeto qui e una tenda là, fino a renderla davvero loro.

Una sera, mentre erano seduti sulla veranda a guardare il tramonto sul mare, Marco prese la mano di Giulia e le disse con voce commossa: "Giulia, non avrei mai immaginato di poter essere così felice in una casa nuova. Grazie per aver reso questo sogno realtà."

Giulia sorrise e accarezzò la mano di Marco. "Anche io sono felice qui con te," disse dolcemente.

E così, mentre il sole scompariva dietro l'orizzonte e il cielo si tingeva di rosa e oro, Marco e Giulia si scambiarono un bacio tenero, consapevoli che la loro casa nuova era molto più di un semplice edificio: era il luogo dove avevano iniziato la loro nuova vita insieme, piena di speranza e amore.

The New House

Once upon a time, there was a young couple named Marco and Giulia who had decided to buy a house of their own. After years of saving, they finally had enough money to buy a brand new house in a small seaside town.

Marco and Giulia were excited about starting this new adventure together. The house they had chosen was small but cozy, with a garden full of colorful flowers and a spacious veranda where they could spend summer evenings.

As soon as they stepped into their new home, Marco and Giulia began to imagine how it would look once furnished. They envisioned new furniture, paintings on the walls, and colorful cushions on the sofa.

After settling their belongings, Marco and Giulia decided to explore the surrounding neighborhood. They discovered a playground nearby and a small grocery store run by an elderly couple.

Marco and Giulia introduced themselves to their new neighbors and were warmly welcomed. They found that the neighborhood was full of friendly people and that there was always someone willing to help if needed.

Weeks passed, and Marco and Giulia became more and more accustomed to their new life in the new house. Every day they made small changes to the house, adding a rug here and a curtain there, until it truly felt like theirs.

One evening, as they sat on the veranda watching the sunset over the sea, Marco took Giulia's hand and said with a touched voice: "Giulia, I never imagined I could be so happy in a new house. Thank you for making this dream come true."

Giulia smiled and caressed Marco's hand. "I'm happy here with you too," she said softly.

And so, as the sun disappeared behind the horizon and the sky turned pink and gold, Marco and Giulia exchanged a tender kiss, aware that their new house was much more than just a building: it was the place where they had started their new life together, full of hope and love.

La Notte Magica

C'era una volta, in una piccola città sulle colline toscane, un uomo di nome Alessandro. Alessandro era un pittore che amava trascorrere le sue giornate immerso nei colori e nelle sfumature della natura che lo circondava.

Una sera d'estate, mentre passeggiava per le strade tranquille della città, Alessandro sentì una melodia dolce che fluttuava nell'aria. Seguì il suono fino a una piazza illuminata da una luna piena e vide una giovane donna suonare il violino con grazia e maestria.

La giovane donna si chiamava Sofia e aveva capelli scuri e occhi luminosi che brillavano nella luce della luna. Alessandro rimase incantato dalla sua musica e si avvicinò per ascoltarla meglio.

"Che bel suono," disse Alessandro con ammirazione. "Sei davvero brava con il violino."

Sofia sorrise e ringraziò Alessandro per il complimento. "Grazie," disse con voce gentile. "Amo suonare il violino sotto la luce della luna. Mi fa sentire come se potessi comunicare con le stelle."

Alessandro e Sofia iniziarono a parlare e si resero conto di avere molte cose in comune. Scoprirono di amare entrambi l'arte e la bellezza della natura e di sognare di viaggiare per il mondo alla ricerca di ispirazione.

Con il passare delle ore, Alessandro e Sofia si avvicinarono sempre di più, condividendo pensieri e speranze mentre il mondo intorno a loro sprofondava nell'oscurità della notte.

A un certo punto, Sofia prese la mano di Alessandro e lo invitò a seguirla in una passeggiata sotto le stelle. Alessandro accettò con entusiasmo e insieme si incamminarono lungo le strade deserte della città.

Mentre camminavano, Alessandro e Sofia si fermarono di fronte a un vecchio ponte di pietra che attraversava un fiume scintillante. Si guardarono negli occhi e per un attimo sembrò che il tempo si fermasse intorno a loro.

"Questa notte è magica," disse Alessandro con voce sommessa. "Mi sembra di essere in un sogno."

Sofia annuì e si avvicinò ad Alessandro, i loro cuori battendo all'unisono nel silenzio della notte. "Anche io mi sento così," disse con dolcezza. "È come se fossimo gli unici abitanti del mondo."

Alessandro e Sofia si avvicinarono ancora di più e si scambiarono un dolce bacio sotto la luce delle stelle. Si sentivano uniti da un legame profondo, come se il destino li avesse portati insieme in quella magica notte d'estate.

E così, mentre l'estate lasciava il posto all'autunno e le foglie iniziavano a cadere dagli alberi, Alessandro e Sofia rimasero legati l'uno all'altro, pronti ad affrontare insieme tutte le avventure che il futuro aveva in serbo per loro.

The Magical Night

Once upon a time, in a small town in the Tuscan hills, there was a man named Alessandro. Alessandro was a painter who loved spending his days immersed in the colors and shades of the nature surrounding him.

One summer evening, while strolling through the quiet streets of the town, Alessandro heard a sweet melody floating in the air. He followed the sound to a square illuminated by a full moon and saw a young woman playing the violin with grace and mastery.

The young woman's name was Sofia, with dark hair and bright eyes that sparkled in the moonlight. Alessandro was enchanted by her music and approached to listen better.

"What beautiful sound," said Alessandro with admiration. "You're really good with the violin."

Sofia smiled and thanked Alessandro for the compliment. "Thank you," she said gently. "I love playing the violin under the moonlight. It makes me feel like I can communicate with the stars."

Alessandro and Sofia began to talk and realized they had many things in common. They discovered they both loved art and the beauty of nature and dreamed of traveling the world in search of inspiration.

As the hours passed, Alessandro and Sofia grew closer, sharing thoughts and hopes as the world around them sank into the darkness of the night.

At one point, Sofia took Alessandro's hand and invited him to join her for a walk under the stars. Alessandro enthusiastically accepted, and together they walked along the deserted streets of the town.

As they walked, Alessandro and Sofia stopped in front of an old stone bridge that crossed a sparkling river. They looked into each other's eyes, and for a moment, it seemed like time stood still around them.

"This night is magical," said Alessandro softly. "It feels like I'm in a dream."

Sofia nodded and moved closer to Alessandro, their hearts beating in unison in the silence of the night. "I feel the same way," she said sweetly. "It's like we're the only inhabitants of the world."

Alessandro and Sofia grew even closer and exchanged a sweet kiss under the starlight. They felt united by a deep bond, as if destiny had brought them together on that magical summer night.

And so, as summer gave way to autumn and the leaves began to fall from the trees, Alessandro and Sofia remained bound to each other, ready to face together all the adventures that the future held for them.

Un Giorno Speciale

C'era una volta un uomo di nome Luca che viveva in una piccola città di campagna. Luca era un tipo tranquillo, che amava la sua routine quotidiana fatta di semplici piaceri: una tazza di caffè al mattino, una passeggiata nel parco, e una cena con gli amici la sera.

Ma un giorno, mentre camminava per le strade familiari della sua città, Luca si accorse di qualcosa di insolito. C'era un'atmosfera eccitante nell'aria, un senso di aspettativa che sembrava palpabile.

Incuriosito, Luca si avvicinò a un gruppo di persone che si era radunato sulla piazza principale. Scoprì che c'era un concerto improvvisato in corso, con un musicista di strada che suonava la chitarra e cantava canzoni allegre che facevano battere il cuore.

Luca si fermò ad ascoltare la musica, lasciandosi trasportare dal ritmo coinvolgente e dalle melodie allegre. Si sentiva vivo e pieno di energia, come se quella giornata fosse diversa da tutte le altre.

Dopo il concerto, Luca decise di fare una passeggiata nel parco. Mentre camminava tra gli alberi, incontrò una vecchia amica di nome Marta. Marta era una donna vivace e piena di vita, con un sorriso contagioso che illuminava il suo viso.

"Luca, che piacere vederti!" esclamò Marta, abbracciandolo calorosamente. "Hai sentito quanto è stata bella la musica in piazza?"

Luca sorrise e annuì. "Sì, è stata davvero speciale," disse. "C'è qualcosa nell'aria oggi che rende tutto più magico."

Marta rise e prese la mano di Luca. "Hai ragione," disse con entusiasmo. "È come se il destino avesse deciso di rendere questo giorno indimenticabile."

Luca e Marta continuarono la loro passeggiata nel parco, ridendo e scherzando come se fossero tornati ai vecchi tempi. Si sentivano liberi e spensierati, come se il peso del mondo fosse stato sollevato dalle loro spalle.

Poi, improvvisamente, Marta si fermò di fronte a un grande albero e prese una profonda boccata d'aria. "Che ne dici se facciamo qualcosa di pazzo oggi?" chiese con un sorriso giocoso.

Luca la guardò con curiosità. "Cosa hai in mente?" chiese.

Marta gli sorrise misteriosamente. "Seguimi," disse, prendendolo per mano e trascinandolo lungo un sentiero nascosto nel parco.

Dopo qualche minuto di cammino, arrivarono a un piccolo laghetto circondato da alberi. Marta si fermò di fronte all'acqua e guardò Luca con un'espressione maliziosa.

"Che ne dici se facciamo un tuffo nel laghetto?" chiese con un sorriso sfuggente.

Luca la guardò incredulo. "Oggi?" chiese, incerto.

Marta annuì con entusiasmo. "Sì, oggi! È una giornata speciale, ricca di sorprese e avventure. E non voglio perdermi nemmeno un momento."

Luca esitò per un istante, poi, colto dall'entusiasmo di Marta, si lasciò trascinare nell'acqua fresca del laghetto. Si sentiva libero e vivo, come se niente potesse fermarlo in quel momento.

Dopo il tuffo, Luca e Marta uscirono dall'acqua ridendo e scherzando, felici di aver condiviso quel momento speciale insieme. Si sedettero sull'erba accanto al laghetto, guardando il sole calare lentamente all'orizzonte.

"Questa è stata davvero una giornata speciale," disse Luca, guardando il cielo colorarsi di rosso e oro.

Marta annuì, con un sorriso radioso sul viso. "Sì, è stata magica," disse. "E sono felice di averla trascorsa con te, Luca."

Luca sorrise e prese la mano di Marta. Si sentiva grato per quel giorno straordinario e per l'amicizia preziosa di Marta. Insieme, guardando il tramonto dipingersi nel cielo, sapevano che avrebbero ricordato quella giornata per sempre.

A Special Day

Once upon a time, in a small countryside town, there was a man named Luca who lived. Luca was a quiet type, who loved his daily routine of simple pleasures: a cup of coffee in the morning, a stroll in the park, and dinner with friends in the evening.

But one day, as he walked through the familiar streets of his town, Luca noticed something unusual. There was an exciting atmosphere in the air, a sense of anticipation that seemed palpable.

Intrigued, Luca approached a group of people gathered in the main square. He discovered that there was an impromptu concert going on, with a street musician playing the guitar and singing cheerful songs that made the heart beat.

Luca stopped to listen to the music, letting himself be carried away by the engaging rhythm and the joyful melodies. He felt alive and full of energy, as if that day were different from all the others.

After the concert, Luca decided to take a walk in the park. As he walked among the trees, he met an old friend named Marta. Marta was a lively woman, full of life, with a contagious smile that lit up her face.

"Luca, what a pleasure to see you!" exclaimed Marta, hugging him warmly. "Did you hear how beautiful the music in the square was?"

Luca smiled and nodded. "Yes, it was really special," he said. "There's something in the air today that makes everything feel more magical."

Marta laughed and took Luca's hand. "You're right," she said enthusiastically. "It's as if fate decided to make this day unforgettable."

Luca and Marta continued their walk in the park, laughing and joking as if they were back in old times. They felt free and carefree, as if the weight of the world had been lifted from their shoulders.

Then, suddenly, Marta stopped in front of a large tree and took a deep breath. "What do you say we do something crazy today?" she asked with a playful smile.

Luca looked at her curiously. "What do you have in mind?" he asked.

Marta smiled mysteriously. "Follow me," she said, taking him by the hand and leading him along a hidden path in the park.

After a few minutes of walking, they arrived at a small pond surrounded by trees. Marta stopped in front of the water and looked at Luca with a mischievous expression.

"What do you say we take a dip in the pond?" she asked with a sly smile.

Luca looked at her incredulously. "Today?" he asked, uncertain.

Marta nodded eagerly. "Yes, today! It's a special day, full of surprises and adventures. And I don't want to miss a single moment."

Luca hesitated for a moment, then, caught up in Marta's enthusiasm, he let himself be dragged into the cool water of the pond. He felt free and alive, as if nothing could stop him in that moment.

After the dip, Luca and Marta emerged from the water laughing and joking, happy to have shared that special moment together. They sat on the grass next to the pond, watching the sun slowly set on the horizon.

"This has truly been a special day," said Luca, watching the sky turn red and gold.

Marta nodded, with a radiant smile on her face. "Yes, it has been magical," she said. "And I'm happy to have spent it with you, Luca."

Luca smiled and took Marta's hand. He felt grateful for that extraordinary day and for Marta's precious friendship. Together, watching the sunset paint the sky, they knew they would remember that day forever.

Il Signor Sorriso

C'era una volta un uomo di nome Luca che viveva in una piccola casa accanto a un parco cittadino. Luca era un uomo molto allegro e amava ridere e sorridere tutto il tempo.

Ogni mattina, Luca si svegliava con un grande sorriso sul viso e usciva a fare una passeggiata nel parco. Mentre camminava tra gli alberi e i fiori, salutava tutti gli animali e le persone che incontrava lungo il percorso.

Un giorno, mentre passeggiava nel parco, Luca incontrò un uomo triste seduto su una panchina. L'uomo sembrava così triste e dispiaciuto che il suo viso sembrava una nuvola grigia in una giornata di sole.

"Buongiorno," disse Luca con un grande sorriso. "Come stai oggi?"

L'uomo triste lo guardò con occhi stanchi e sospirò. "Non molto bene, se devo essere onesto," rispose. "Ho perso il mio lavoro e non so cosa fare."

Luca si sedette accanto all'uomo triste e gli mise una mano sulla spalla. "Non preoccuparti," disse con gentilezza. "La vita può essere difficile a volte, ma ci sono sempre modi per trovare la felicità."

L'uomo triste sospirò di nuovo e scosse la testa. "Non so se posso trovare la felicità di nuovo," disse con tristezza.

Luca sorrise e tirò fuori un piccolo fischietto dalla tasca dei pantaloni. "Hai mai sentito parlare del potere del sorriso?" chiese.

L'uomo triste scosse la testa. "No, non credo di averlo fatto," rispose.

Luca gli porse il fischietto. "Allora lascia che ti mostri," disse. "Se soffi nel fischietto, vedrai che ti farà sorridere."

L'uomo triste guardò il fischietto con curiosità e decise di provarlo. Soffiò nel fischietto con tutte le sue forze e improvvisamente, un suono allegro e gioioso riempì l'aria.

L'uomo triste non poteva crederci ai suoi occhi quando vide che il suono del fischietto faceva apparire un sorriso sul suo viso. Si sentiva stranamente allegro e leggero, come se un peso fosse stato sollevato dalle sue spalle.

Luca rise felice e lo abbracciò. "Vedi?" disse. "Il potere del sorriso può fare miracoli. Non importa cosa succeda nella vita, ricorda sempre di sorridere."

L'uomo triste annuì con gratitudine e si alzò dalla panchina. "Grazie, Luca," disse con un sorriso. "Hai cambiato il mio giorno."

Mr. Smile

Once upon a time, there was a man named Luca who lived in a small house next to a city park. Luca was a very cheerful man and loved to laugh and smile all the time.

Every morning, Luca woke up with a big smile on his face and went out for a walk in the park. As he walked among the trees and flowers, he greeted all the animals and people he met along the way.

One day, while walking in the park, Luca met a sad man sitting on a bench. The man looked so sad and upset that his face seemed like a gray cloud on a sunny day.

"Good morning," said Luca with a big smile. "How are you today?"

The sad man looked at him with tired eyes and sighed. "Not very well, if I'm honest," he replied. "I lost my job and I don't know what to do."

Luca sat down next to the sad man and put a hand on his shoulder. "Don't worry," he said kindly. "Life can be tough sometimes, but there are always ways to find happiness."

The sad man sighed again and shook his head. "I don't know if I can find happiness again," he said sadly.

Luca smiled and pulled out a small whistle from his pocket. "Have you ever heard of the power of the smile?" he asked.

The sad man shook his head. "No, I don't think I have," he replied.

Luca handed him the whistle. "Then let me show you," he said. "If you blow into the whistle, you'll see that it will make you smile."

The sad man looked at the whistle with curiosity and decided to give it a try. He blew into the whistle with all his might and suddenly, a cheerful and joyful sound filled the air.

The sad man couldn't believe his eyes when he saw that the sound of the whistle made a smile appear on his face. He felt strangely cheerful and light, as if a weight had been lifted from his shoulders.

Luca laughed happily and hugged him. "See?" he said. "The power of the smile can work wonders. No matter what happens in life, always remember to smile."

The sad man nodded with gratitude and stood up from the bench. "Thank you, Luca," he said with a smile. "You've changed my day."

La Signora Rossi e il Mistero dei Fiori Scomparsi

C'era una volta, in una piccola città italiana, una donna di nome Signora Rossi. La Signora Rossi era una donna gentile e amorevole, con un debole per i fiori. Ogni giorno, visitava il suo giardino per ammirare le bellissime rose rosse che crescevano rigogliose tra i cespugli.

Un giorno, mentre la Signora Rossi stava annaffiando le sue rose, si accorse di qualcosa di strano. Alcuni dei fiori più belli sembravano essere scomparsi nel nulla. La Signora Rossi rimase perplessa e si chiese chi potesse aver rubato i suoi preziosi fiori.

Decisa a risolvere il mistero, la Signora Rossi decise di mettersi all'opera. Chiamò la sua amica, la Signora Bianchi, e insieme cominciarono a indagare. Esaminarono ogni angolo del giardino, cercando indizi che potessero condurle al colpevole.

Mentre erano impegnate nelle loro indagini, videro un gruppo di bambini giocare nel parco vicino al giardino. I bambini ridevano e scherzavano felici, ma la Signora Rossi notò qualcosa di strano. Uno dei bambini sembrava nascondere qualcosa dietro la schiena.

La Signora Rossi si avvicinò cautamente ai bambini e chiese loro se avessero visto qualcosa di strano nel giardino. I bambini si guardarono tra loro con occhi spaventati e uno di loro confessò timidamente di aver preso alcuni fiori dal giardino della Signora Rossi per fare un regalo alla loro insegnante.

La Signora Rossi sorrise con gentilezza e disse ai bambini che capiva il loro desiderio di fare qualcosa di bello per la loro insegnante, ma che rubare non era mai giustificato. Spiegò loro che avrebbero potuto chiedere i fiori in modo gentile e la Signora Rossi avrebbe sicuramente acconsentito.

I bambini si scusarono profondamente e promisero di non fare mai più una cosa del genere. La Signora Rossi li perdonò con un sorriso e disse loro che avrebbero potuto prendere qualche fiore in regalo per la loro insegnante.

Quella sera, la Signora Rossi invitò i bambini nel suo giardino e insieme raccoglierono una bellissima selezione di fiori per l'insegnante. I bambini erano felici di poter fare un regalo così speciale e la Signora Rossi era felice di aver trovato una soluzione pacifica al mistero dei fiori scomparsi.

Mrs. Rossi and the Mystery of the Missing Flowers

Once upon a time, in a small Italian town, there was a woman named Signora Rossi. Mrs. Rossi was a kind and loving woman, with a weakness for flowers. Every day, she visited her garden to admire the beautiful red roses growing lushly among the bushes.

One day, while Mrs. Rossi was watering her roses, she noticed something strange. Some of the most beautiful flowers seemed to have disappeared into thin air. Mrs. Rossi was perplexed and wondered who could have stolen her precious flowers.

Determined to solve the mystery, Mrs. Rossi decided to get to work. She called her friend, Mrs. Bianchi, and together they began to investigate. They examined every corner of the garden, looking for clues that could lead them to the culprit.

While they were engaged in their investigations, they saw a group of children playing in the park near the garden. The children were laughing and joking happily, but Mrs. Rossi noticed something strange. One of the children seemed to be hiding something behind his back.

Mrs. Smith cautiously approached the children and asked them if they had seen anything strange in the garden. The children looked at each other with frightened eyes and one of them shyly confessed that he had taken some flowers from Mrs. Smith's garden as a gift for their teacher.

Mrs. Smith smiled kindly and told the children that she understood their desire to do something nice for their teacher, but that stealing was never justified. She explained to them that they could ask for the flowers nicely and Mrs. Smith would surely agree.

The children apologized profusely and promised never to do anything like that again. Mrs. Rossi forgave them with a smile and told them that they could get some flowers as gifts for their teacher.

That evening, Mrs. Smith invited the children into her garden and together they picked a beautiful selection of flowers for the teacher. The children were happy to be able to give such a special gift and Mrs. Smith was happy to have found a peaceful solution to the mystery of the missing flowers.

Sofia e il Viaggio del Suo Cuore

C'era una volta una donna di nome Sofia che viveva in una piccola casa ai margini di un bosco. Sofia era una donna semplice, con un grande amore per la natura e un cuore pieno di sogni.

Ogni giorno, Sofia camminava nel bosco, respirando l'aria fresca e ammirando la bellezza degli alberi e dei fiori. Si sentiva in pace con se stessa e con il mondo, e sapeva che il bosco era il luogo perfetto per ascoltare il proprio cuore.

Un giorno, mentre camminava nel bosco, Sofia si imbatté in un vecchio albero maestoso. L'albero sembrava avere una sagoma strana, come se nascondesse un segreto al suo interno.

Curiosa di scoprire cosa si nascondeva dietro quell'apparente mistero, Sofia si avvicinò all'albero e notò una piccola porta incastonata nel tronco. Con un battito di cuore accelerato dall'emozione, aprì la porta e si avventurò all'interno.

Quello che vide la lasciò senza fiato. L'interno dell'albero era un mondo incantato, pieno di luce e colore. Al centro della stanza c'era un grande libro, aperto su una pagina vuota.

Sofia si avvicinò al libro e notò una scritta dorata sulla copertina: "Il Viaggio del Cuore". Con un tremito di emozione, prese una penna e iniziò a scrivere.

Scrisse delle sue speranze e dei suoi sogni, delle gioie e delle tristezze che aveva vissuto nel corso degli anni. Scrisse di amore e perdono, di crescita e rinascita.

Quando ebbe finito di scrivere, chiuse il libro con un sospiro di soddisfazione. Si sentiva leggera e libera, come se avesse finalmente trovato la chiave per aprire il suo cuore al mondo.

Ma il viaggio di Sofia non era ancora finito. Mentre usciva dall'albero, notò un sentiero nascosto che si snodava tra gli alberi. Con un sorriso di anticipazione, decise di seguire il sentiero e vedere dove la vita l'avrebbe portata.

Il sentiero la condusse attraverso boschi e prati, montagne e valli. Lungo il cammino, incontrò persone meravigliose che condividevano le loro storie e i loro segreti con lei.

Infine, dopo giorni di viaggio, Sofia raggiunse la cima di una montagna alta e guardò in basso, meravigliata dalla vista mozzafiato che si apriva di fronte a lei. Si sentiva in cima al mondo, come se nulla potesse fermarla.

Ma il viaggio di Sofia non era ancora finito. C'era ancora tanto da scoprire, tanto da imparare, tanto da amare. E così, con il cuore pieno di speranza e il sorriso sulle labbra, Sofia continuò il suo viaggio, pronta ad affrontare qualsiasi sfida che il destino le avesse riservato.

Sofia and the Journey of her Heart

Once upon a time, there was a woman named Sofia who lived in a small house on the edge of a forest. Sofia was a simple woman, with a great love for nature and a heart full of dreams.

Every day, Sofia walked in the forest, breathing in the fresh air and admiring the beauty of the trees and flowers. She felt at peace with herself and with the world, and she knew that the forest was the perfect place to listen to her heart.

One day, while walking in the forest, Sofia came across an old majestic tree. The tree seemed to have a strange shape, as if it were hiding a secret inside.

Curious to discover what lay behind that apparent mystery, Sofia approached the tree and noticed a small door embedded in the trunk. With a heart pounding with excitement, she opened the door and ventured inside.

What she saw took her breath away. The inside of the tree was an enchanted world, full of light and color. At the center of the room was a large book, open to a blank page.

Sofia approached the book and noticed a golden inscription on the cover: "The Journey of the Heart." With a trembling of emotion, she took a pen and began to write.

She wrote about her hopes and dreams, the joys and sorrows she had experienced over the years. She wrote about love and forgiveness, about growth and rebirth.

When she finished writing, she closed the book with a sigh of satisfaction. She felt light and free, as if she had finally found the key to opening her heart to the world.

But Sofia's journey was not over yet. As she stepped out of the tree, she noticed a hidden path winding through the trees. With a smile of anticipation, she decided to follow the path and see where life would take her.

The path led her through woods and meadows, mountains and valleys. Along the way, she met wonderful people who shared their stories and secrets with her.

Finally, after days of travel, Sofia reached the top of a high mountain and looked down, amazed by the breathtaking view that lay before her. She felt on top of the world, as if nothing could stop her.

But Sofia's journey was not over yet. There was still so much to discover, so much to learn, so much to love. And so, with her heart full of hope and a smile on her lips, Sofia continued her journey, ready to face whatever challenges destiny had in store for her.

Sono Quello Che Sono

C'era una volta una donna di nome Laura che viveva in una piccola casa vicino al mare. Laura amava trascorrere le giornate passeggiando lungo la spiaggia, ascoltando il suono delle onde e osservando il volo degli uccelli.

Laura era diversa dalle altre persone del paese. Non le importava di seguire le mode o di conformarsi alle aspettative degli altri. Viveva la sua vita secondo i suoi valori e le sue passioni, senza preoccuparsi di ciò che gli altri pensavano di lei.

Un giorno, mentre passeggiava lungo la spiaggia, Laura incontrò un gruppo di persone che la fissavano con sospetto. Si sentì a disagio e si chiese perché gli altri sembrassero giudicarla così duramente.

Decisa a capire cosa stesse succedendo, Laura si avvicinò al gruppo e chiese loro perché la guardassero in quel modo. Le persone risposero che non capivano il suo modo di vivere e che la trovavano strana e diversa.

Laura rimase per un attimo senza parole, poi si mise a ridere. "Sono quello che sono," disse con sicurezza. "Non ho bisogno dell'approvazione degli altri per essere felice. Vivo la mia vita secondo i miei valori e le mie passioni, e questo è tutto ciò che conta."

Le persone rimasero sorprese dalle parole di Laura e si guardarono tra loro con perplessità. Non avevano mai incontrato qualcuno così sicuro di sé e delle proprie convinzioni.

Ma Laura non si preoccupò di ciò che gli altri pensavano di lei. Continuò a passeggiare lungo la spiaggia, godendosi il suono delle onde e il profumo dell'aria salmastra.

Mentre passeggiava, incontrò un vecchio pescatore seduto sulla riva del mare. Il pescatore sembrava triste e pensieroso, e Laura si avvicinò con gentilezza per chiedergli cosa fosse successo.

Il pescatore raccontò a Laura che aveva passato tutta la vita a pescare in mare, ma che ora si sentiva perso e insoddisfatto. Aveva passato così tanto tempo cercando di conformarsi alle aspettative degli altri che aveva dimenticato di ascoltare il proprio cuore.

Laura sorrise al pescatore e gli disse che era mai troppo tardi per seguire i propri sogni e le proprie passioni. Gli disse di ascoltare il proprio cuore e di trovare il coraggio di essere se stesso, anche se significava essere diverso dagli altri.

Il pescatore la guardò con gratitudine e si alzò dalla riva del mare con un nuovo senso di speranza nel cuore. Si sentiva ispirato dalle parole di Laura.

E così, il pescatore imparò ad accettarsi per quello che era e a vivere la vita con coraggio e autenticità, sapendo che essere se stessi era la cosa più importante di tutte.

I Am What I Am

Once upon a time, there was a woman named Laura who lived in a small house near the sea. Laura loved spending her days walking along the beach, listening to the sound of the waves, and watching the birds fly.

Laura was different from the other people in the town. She didn't care about following trends or conforming to others' expectations. She lived her life according to her values and passions, without worrying about what others thought of her.

One day, while walking along the beach, Laura encountered a group of people who stared at her suspiciously. She felt uncomfortable and wondered why others seemed to judge her so harshly.

Determined to understand what was happening, Laura approached the group and asked them why they were looking at her that way. The people replied that they didn't understand her way of living and found her strange and different.

Laura remained silent for a moment, then burst out laughing. "I am what I am," she said confidently. "I don't need others' approval to be happy. I live my life according to my values and passions, and that's all that matters."

The people were surprised by Laura's words and looked at each other with bewilderment. They had never met someone so sure of themselves and their convictions.

But Laura didn't care what others thought of her. She continued to walk along the beach, enjoying the sound of the waves and the scent of the sea breeze.

As she walked, she met an old fisherman sitting on the shore. The fisherman seemed sad and thoughtful, and Laura approached him kindly to ask what was wrong.

The fisherman told Laura that he had spent his whole life fishing at sea, but now he felt lost and unsatisfied. He had spent so much time trying to conform to others' expectations that he had forgotten to listen to his own heart.

Laura smiled at the fisherman and told him that it's never too late to follow one's dreams and passions. She told him to listen to his heart and to find the courage to be himself, even if it meant being different from others.

The fisherman looked at her with gratitude and rose from the shore with a newfound sense of hope in his heart. He felt inspired by Laura's words. And so, the fisherman learned to accept himself for who he was and to live life with courage and authenticity, knowing that being oneself was the most important thing of all.

La Donna e il Mare

C'era una volta una donna di nome Lucia che viveva in una piccola casa vicino al mare. Ogni giorno, Lucia si svegliava presto al mattino per guardare l'alba danzare sull'acqua e sentire il profumo salmastro che si diffondeva nell'aria.

Lucia amava il mare più di ogni altra cosa al mondo. Si sentiva in pace quando camminava sulla spiaggia, ascoltando il suono delle onde che si infrangevano sulla riva e osservando i gabbiani volteggiare nel cielo.

Un giorno, mentre passeggiava lungo la spiaggia, Lucia trovò una vecchia bottiglia di vetro che giaceva sulla sabbia. Con curiosità, prese la bottiglia e la portò a casa.

Quella sera, seduta sul balcone della sua casa, Lucia decise di aprire la bottiglia e vedere cosa contenesse. Con un colpo secco, stappò il tappo e guardò dentro.

All'interno della bottiglia c'era una mappa, vecchia e sgualcita dal tempo. Con mano tremante, Lucia aprì la mappa e scoprì che indicava un tesoro nascosto su un'isola lontana.

Lucia rimase senza fiato. Un tesoro! Era sempre stata affascinata dalle storie di pirati e avventure in mare aperto. Non poteva credere di aver trovato una mappa del tesoro tutto suo!

Senza esitare, Lucia decise di partire alla ricerca del tesoro. Il giorno dopo, imbarcò su una piccola barca e salpò verso l'isola indicata sulla mappa.

Il viaggio fu lungo e avventuroso. Attraversò mari burrascosi e tempeste furiose, ma Lucia non si arrese mai. Il suo desiderio di trovare il tesoro la tenne forte e determinata.

Finalmente, dopo giorni di navigazione, Lucia arrivò all'isola. Sbarcò sulla spiaggia deserta e guardò intorno con occhi sgranati. Doveva trovare il tesoro nascosto prima che fosse troppo tardi!

Con passo deciso, si diresse verso il centro dell'isola, seguendo le indicazioni sulla mappa. Attraversò foreste fitte e scogliere pericolose, ma non perse mai la speranza di trovare il tesoro.

All'improvviso, tra le fronde degli alberi, scorse una luce brillare nel buio. Si avvicinò cautamente e vide un baule d'oro scintillante, pieno di gioielli e monete d'oro.

Lucia non poteva credere ai suoi occhi. Aveva davvero trovato il tesoro nascosto! Con le mani tremanti, aprì il baule e guardò dentro con occhi luminosi.

Ma mentre guardava il tesoro, un pensiero le attraversò la mente. Era davvero questo ciò che desiderava? Si sentiva felice e realizzata ad aver trovato il tesoro?

Lucia si sedette sulla sabbia e rifletté. Aveva trascorso così tanto tempo alla ricerca del tesoro che non si era mai chiesta cosa volesse veramente dalla vita.

Poi, guardando il mare scintillante di fronte a lei, si rese conto di cosa fosse veramente importante.

Con un sorriso sulle labbra, Lucia chiuse il baule e lo rimise esattamente dove l'aveva trovato. Non aveva bisogno di quel tesoro per essere felice. Aveva già tutto ciò di cui aveva bisogno nel suo cuore.

Così, con il cuore leggero e la mente chiara, Lucia tornò alla sua barca e salpò verso casa.

The Woman and the Sea

Once upon a time, there was a woman named Lucia who lived in a small house near the sea. Every day, Lucia woke up early in the morning to watch the sunrise dance on the water and to smell the salty scent that filled the air.

Lucia loved the sea more than anything else in the world. She felt at peace when she walked on the beach, listening to the sound of the waves crashing on the shore and watching the seagulls soar in the sky.

One day, while walking along the beach, Lucia found an old glass bottle lying in the sand. Curiously, she picked up the bottle and took it home.

That evening, sitting on the balcony of her house, Lucia decided to open the bottle and see what it contained. With a sharp pop, she uncorked the bottle and looked inside.

Inside the bottle was a map, old and crumpled with age. With trembling hands, Lucia opened the map and discovered that it indicated a treasure hidden on a distant island.

Lucia was breathless. A treasure! She had always been fascinated by stories of pirates and adventures on the high seas. She couldn't believe she had found a treasure map all her own!

Without hesitation, Lucia decided to set out in search of the treasure. The next day, she embarked on a small boat and set sail for the island indicated on the map.

The journey was long and adventurous. She crossed stormy seas and furious storms, but Lucia never gave up. Her desire to find the treasure kept her strong and determined.

Finally, after days of sailing, Lucia arrived at the island. She landed on the deserted beach and looked around with wide eyes. She had to find the hidden treasure before it was too late!

With determined steps, she headed towards the center of the island, following the directions on the map. She traversed dense forests and dangerous cliffs, but never lost hope of finding the treasure.

Suddenly, among the branches of the trees, she saw a light shining in the darkness. She cautiously approached and saw a sparkling golden chest, full of jewels and gold coins.

Lucia couldn't believe her eyes. She had really found the hidden treasure! With trembling hands, she opened the chest and looked inside with bright eyes.

But as she looked at the treasure, a thought crossed her mind. Was this really what she wanted? Did she feel happy and fulfilled to have found the treasure?

Lucia sat down on the sand and reflected. She had spent so much time searching for the treasure that she had never wondered what she truly wanted from life.

Then, looking at the sparkling sea in front of her, she realized what was truly important.

With a smile on her lips, Lucia closed the chest and put it back exactly where she had found it. She didn't need that treasure to be happy. She already had everything she needed in her heart.

So, with a light heart and a clear mind, Lucia returned to her boat and sailed home.